Couverture inférieure manquante

LISTE

DES OUVRAGES

CARTES, PLANS, VUES ET DESSINS

RELATIFS

A L'EMPIRE DE MAROC

EXTRAIT DE LA DESCRIPTION GÉOGRAPHIQUE

DE L'EMPIRE DE MAROC

PAR ÉMILIEN RENOU

MEMBRE DE LA COMMISSION SCIENTIFIQUE D'ALGÉRIE

PARIS

IMPRIMERIE ROYALE

M DCCC XLVI

DEBUT DE PAGINATION

Cardonne indique la liste suivante de manuscrits de la Bibliothèque du Roi, qui lui ont servi à composer son ouvrage (1765); les numéros cités sont ceux que ces manuscrits portent au catalogue :

20. Chehabeddin Aboul Abbasi, pars XXIII Historiæ universalis; n° 642.

21. Ahmed ben Abdoulvahabi, cognomine Novairi, Historia Ommiadarum qui in Hispaniâ regnârunt; n° 645.

22. ——— Ejusdem Historia Africæ et Occidentis; n° 702.

23. Historia de Regibus Beni Zian, ex familiâ Edrissitarum; auctore Mohammed Abdoul Giali; n° 703.

24. Ahmed ben Mohammed el Mogrebi, Historia Hispaniæ, primæ partis volumen II; n° 705.

25. Ebn-el-Kautir. De redactis in Arabum potestatem Hispanis; n° 706.

26. Historia Lenazzeddini viziri ultimorum Granatæ Regum ex familiâ el Ahmar; n° 758.

Historia universalis Chehabeddin Ahmed el Mokri el Fassi; n° 761.

(Déjà cité sous le n° d'ordre 14.)

Historiæ compendium; auctore Ebn Khaldoun; n° 769.

(Déjà cité n° 12.)

27. Lunæ resplendentes Marocci; auctore Abdallah ebn Batuta; n° 825.

28. Historiæ Califarum ac Regum arabum in Hispaniâ, usque ad annum hegiræ 765; auctore ben Abdallah el Khateb el Musulmani el Kortoubi.

29. Historia universalis Aboul Djaferi Mohammed ben Harir el Tabari [2].

[1] Il existe des traductions ou des extraits de plusieurs des auteurs qui précèdent : ils seront indiqués suivant l'ordre de leurs dates.

[2] Il existe beaucoup d'autres manuscrits arabes. Pour compléter les listes qui précèdent, il faudrait consulter le catalogue des manuscrits orientaux de la bibliothèque de l'Escurial, par Casiri, et celui de la bibliothèque de Leyde.

AUTEURS EUROPÉENS,

DEPUIS LA DÉCOUVERTE DE L'IMPRIMERIE [1].

[1] Presque tous les ouvrages qui suivent, jusqu'en 1700, sont indiqués dans la Bibliothèque asiatique et africaine de M. Ternaux-Compans. Paris, 1841.

[1] Cette date est celle que donne le titre de l'ouvrage, mais c'est une erreur : cette bataille est du 3 août 1595.

36. Jornada de Africa composta por Hieronimo de Mendoça;
     in-4°, *Lisboa* 1607

37. Agostinho de Gavi de Mendoça. Historia do famoso cerco que
     o Xarife pos a fortaleça de Mazagam, etc. in-4°, *Lisboa*... 1607

38. Cort end varachtlich verhael van de gedenkweerdige ge-
     schiednis in Barbareyen; in-4° 1607

39. True historical Discourse of Muley Hamets rising to the
     three kingdoms of Morruecos, Fez and Suz, etc. (par
     Ro. C.); in-4", *London* 1609

40. Vasco Mousinho de Quevedo e Castello Branco. Alfonse
     Africano, poema heroico della prêza d'Arzilla o Tanger;
     in-8°, *Lisboa* 1611

41. Bericht welcher Gstalt hiebeuor drey Gebrüdere, Könige
     zu Fez und Morocco, Krieg gegen einander geführt, etc.
     in-8°, *Cölln* 1611

42. Juan Luys de Rojas. Relacion de los successos de Barba-
     ria, salida de los Moriscos de España, y entrega de La-
     rache; in-8°, *Lisboa* 1613

43. Late news out of Barbary in a letter, etc. in-4°, *London*.. 1613

44. Aldrete. Varias antiguedades de España, Africa, y otras
     provincias; in-4°, *Amsterdam* 1614

45. Marcus de Guadalaxara y Xavier. Prodicion y destierro de
     los Moriscos de Castilla, con las dissensiones de los her-
     manos Xarifes y presa en Berberia de la fuerça y puerto
     de Alarache; in-4°, *Pamplona* 1614

46. Discurso historial de la presa que del puerto de la Maamor-
     ra, hizo el armada real de España año 1614, por A. de
     Horozco; in-4°, *Madrid* 1615

47. Relatione d'una famosa vittoria contra i piu nobili et vale-
     rosi xeques et aduari di Mori; in-4°, *Valenza* 1618

48. J. B. de Morales. Jornada de Africa del rey Don Sebastian;
     in-8°, *Sevilla* 1622

49. J. B. Grammaye. Africæ illustratæ libri X, etc. in-4°, *Tornaci*. 1622

50. Relacion del martyrio que dieron los Moros en Tetuan a
     Francisca Trigo, Morisca natural de Avila; in-fol. *Madrid*. 1623

51. Luys Coello de Barbuda. Impresas militares de Lusitanos;
     Lisboa 1623

On trouve dans cet ouvrage :

T. II, p. 1-851, une Traduction de Léon l'Africain ;

P. 851-873, *Collection of things most remarquable in the history of Barbary, written by Ro. C.* Cette collection repro-duit l'ouvrage n° 39.

P. 873, 874, *The dominions and forteresses which the king of Spaine hath upon the iles and main lands of Africa and of the great Turkes.*

T. V, p. 619-790, *Description générale de l'Afrique.* Les pages 679-709 sont consacrées aux royaumes de Maroc et de Fès ; on y remarque trois cartes : une carte générale de l'Afrique et une pour chacun de ces deux royaumes.

Purchas cite plusieurs auteurs sur les ouvrages desquels je n'ai aucune indication ; ce sont : Laur. Bayerlinck, 1603 (pour la généalogie des Chérifs) ; Janson Gallobelg, 1612 ; Maginus, Botero, Bodin, Pory, Ant. Possevin.

(C'est probablement une réimpression du n° 35.)

[1] Je ne sais s'il est question de l'empire de Maroc dans cet ouvrage.

de Moley Abd-el-Melec, empereur de Maroc, dernier décédé, etc. in-8°, *Paris* 1631

61. Manuel Pereira Pitta. Poema africano. Succesos de Don Fernando de Mascarenhas, general de Cepta, en el discurso de seis años que lo fue de Tanger; in-4°, *Cadiz.* 1633

62. Harrison. Tragical death of Muley Abdallah Meleck, last king of Barbaria; in-4°, *Delft* 1633

63. Relation de l'origine et succès des Cherifs, écrite en espagnol par Diego de Torres et mise en français par M. Charles de Valois, duc d'Angoulême; in-4°, *Paris*. . 1636

    (Traduction du n° 23.)

64. Articles de payx accordez entre les rois de France et de Marrocq, avec l'acceptation d'iceux par les gouverneurs et habitans de Salé; in-8°, *Paris* 1636

65. J. Dunton. True Journal of the Sally fleet, with the proceedings of the voyage; in-4°, *London*. 1637

    (Avec un plan comprenant Sla, Rbât' et Chella.)

66. Auteur anglais anonyme (cité par M. Gr. de Hemsö). . . . 1637

67. Pierre Dan. Histoire de la Barbarie et de ses corsaires, divisée en six livres; in-4°, *Paris*. 1637

68. Traslado de una carta embiada a esta villa de Setubal de D. Joseph de Acunha, caballero del habito de Christo, a un amigo suyo, dandole cuenta de una gran batalla y feliz victoria que han tenido los cavalleros portugueses en Melilla, Ceuta, Mazagan, y Tanger, costa de Africa, a los 7 dias del mes de octubre deste presente año 1638; in-fol. 1638

69. Gonzalo Coutinho. Discurso da tornada a villa de Mazagan; in-8°, *Lisboa*. 1639

    (Cet ouvrage paraît être le même que le n° 55.)

70. Davity. Le monde; *Paris*, vers 1640

71. Antonio Manoel de Vasconcelos. Africa conquistada pelos Portugueses; in-fol. *Lisboa*. 1641

72. J. de Baena Parada. Vida del rey Don Sebastian de Portugal, y jornada que hizo a las conquistas de Africa; in-4°. *Madrid*. 1642

73. News from Sally or a strange Delivery of four English cap-
tives from the slavery of the Turkes ; in-4°, *London.* . . . 1642
74. Relacion del viage espiritual y prodigioso que hizo a Marruecos el P. Juan de Prado ; escrita por el P. Mathias de
S. Francisco ; in-4°, *Madrid.* 1643
75. Relacion del viage espiritual, etc. in-4°, *Madrid.* 1644
(Réimpression de l'ouvrage précédent.)

76. Histoire de la mission des pères capucins de la province de
Toureine au royaume de Maroque, en Afrique, par le
père François ; in-8°, *Nyort* 1644
77. Epitome del viage que hizo a Marruecos el P. Francisco
de la Concepcion, por Fr. Ginez d'Ocaña ; in-4°, *Sevilla*. 1646
78. Thomas Sweet (cité par M. Gr. de Hemsö) 1647
79. Vincent le Blanc. Voyage aux quatre parties du monde ;
in-4°, *Paris* 1649
80. Histoire de Barbarie et de ses corsaires, etc. par le P. F.
P. Dan ; in-fol. *Paris.* 1649
(Autre édition de l'ouvrage n° 67.)

81. Chaulmer. Tableau de l'Afrique ; in-12, *Paris.* 1654
82. La miraculeuse rédemption des captifs faite à Salé, côte
de Barbarie ; in-8°, *Paris.* 1654
83. Vincent le Blanc ; in-4°, *Troyes.* 1658
(Réimpression de l'ouvrage n° 79.)

84. A Description of Tanger, with an account of Gayland, the
usurper of Fez ; in-4°, *London* 1664
85. A brief Relation of the present state of Tangier ; in-4°, *Lon-
don.* 1664
86. Carlo Alfano. Vera relazione della felice e gloriosa vittoria
ottenuta dall' armi cattoliche del re di Spagna Carlo II,
sotto la piazza d'Alarache, in Africa ; in-4°, *Roma.* 1666
87. The Life of Tafiletta, emperor of Barbary ; in-4°, *London*. 1669
88. Account of the progress of the mole at Tangier ; in-folio,
London : 1669
89. J. Ogilby. Africa ; in-fol. *Loudon* 1670
90. Relation of the ambassy of Thomas lord Howard to the
Emperour of Marocco ; in-4°, *London* 1670

[1] Je ne sais s'il est question du Maroc dans cet ouvrage.

147. Fernando de Menezes, conde de Ericeira. Historia de
     Tangere; *Lisboa* 1732

148. Histoire de l'empire des Chérifs en Afrique (par l'abbé
     Boulet); in-12, *Paris* 1733

149.*Several Voyages to Barbary, by captain Henri Boyde;
     in-8°, *London* 1736

150. Relation de ce qui s'est passé dans le royaume de Maroc
     depuis l'année 1727 jusqu'en 1737 (par de Mairault);
     Paris 1742

151. Histoire de Mouley Mahamet, fils de Mouley Ismaël, roi
     de Maroc; in-12, *Genève* 1749

152. Seran de la Tour (cité par M. Gr. de Hemsö) 1749
     (Peut-être le même que le précédent.)

153. A complete History of the piratical states of Barbary, by
     a gentleman; in-8°, *London* 1750

154. Raun. Son voyage et sa captivité à Maroc; en vers danois;
     Copenhague 1754

155. Histoire des états barbaresques qui exercent la piraterie;
     traduit de l'anglais (par Boyer de Pébrandier); 2 vol.
     in-12, *Paris* 1757
     (Traduction de l'ouvrage n° 153.)

156. Histoire de l'Afrique et de l'Espagne sous la domination
     des Arabes, composée sur différents manuscrits de la
     Bibliothèque du Roi (par Cardonne); 3 vol. in-12, *Paris*. 1765

157. Hermann Müller (cité par M. Gr. de Hemsö) 1771

158. Thomas James (cité par M. Gr. de Hemsö) 1771

159. Schlötzer (cité par M. Gr. de Hemsö) 1775

160. Voyage fait par ordre du roi, en 1771 et 1772, par
     Verdun, Borda et Pingré. Tom. II; in-4°, *Paris* 1778

161. Efferitningen om Marokos och Fes, ved Georg Höst; in-4°,
     Kiöbenhavn 1779
     (Avec plusieurs vues et une carte du Maroc.)

162. Mémoire de Borda, sur son voyage de 1776, à la côte
     d'Afrique; vers 1780
     (Ce mémoire, qui appartenait au Dépôt de la marine,
     est perdu à présent.)

renden Hauses zu Marocco, von Franz von Dombay ;
in-8°, *Agram* 1801

189. K. A. Schousboe's Betrachtungen über das Gewächsreich,
in Marokko, etc. von Marhussen; *Kopenhagen* 1802
(Traduction de l'ouvrage n° 186; avec planches.)

190. Description des monnaies d'or, d'argent et de cuivre ayant
cours à Maroc, par Franz von Dombay (en allemand);
Vienne 1803

191. A Journal of travels in Barbary in 1801, by James Curtis;
with observations on the gum trade of Senegal[1]; in-12,
London 1803

192. H. Haringmann, Beknoop dag journal, etc. ou Journal
d'une résidence de deux mois dans l'empire de Maroc;
in-8°, *La Haye* 1804

193. Ben Aïâs, traduit de l'arabe, par Langlès, dans le tome
VIII des Notices et extraits des manuscrits de la Bibliothèque impériale; *Paris* 1807

194. Travels through the empire of Marocco, by John Buffa;
in-8°, *London* 1810
(Avec une carte du Maroc.)

195. Proceedings of the association for promoting the disco-
very of the interior parts of Africa; 2 vol. in-8°, *London.* 1810
(Deuxième édition du n° 176.)

196. Account of Marocco, by James Grey Jackson ; in-4°,
London. 1811
(Avec une carte du Maroc.)

197. A general Collection of the best and most interesting
voyages and travels, t. XV; in-4°, *London.* 1814
(On y trouve une réimpression du voyage de Windus,
ci-dessus n° 140; plus deux vues des environs de Tetouan.)

[1] Cette seconde partie de l'ouvrage, relative à la traite de la gomme au
Sénégal, est en entier extraite, ainsi que l'annonce l'auteur lui-même, d'un
excellent ouvrage de Golbery, intitulé : *Fragment d'un voyage en Afrique, etc.*
Paris, 1802.

198. Voyages d'Ali-Bey-el-Abbassi en Afrique et en Asie, pen-
    dant les années 1803-4-5-6-7, tome I; in-8°, *Paris*... 1814

      (Avec un atlas de cartes, plans, vues, détails d'architec-
      ture, costumes, etc.)

199. Voyage pittoresque en Espagne, en Portugal et sur la côte
    d'Afrique, de Tanger à Tetouan, par le baron Taylor.
    Cet ouvrage, dans lequel on trouve plusieurs vues, a
    commencé à paraître par livraisons, à Paris, en.... 1815

200. Travels in Europa and Africa, by Keating; in-4°, *London*. 1816

201. A View of the present condition of the states of Barbary;
    by William Janson; in-12, *London*............... 1816

202. The Narrative of Robert Adams; in-4°, *London*....... 1816

203. Loss of the american brig *Commerce*, wrecked on western
    coast of Africa in 1815; by captain Riley; in-4°, *London*. 1817

204. Naufrage de Paddock, sur la côte d'Afrique, en 1800[1]. 1818

205. Nouveau voyage dans l'intérieur de l'Afrique, fait en
    1810-11-12-13-14, ou relation de Robert Adams, tra-
    duit de l'anglais par Frasans; in-8°, *Paris*......... 1818

      (Traduction de l'ouvrage n° 202.)

206. Précis de la littérature historique du Moghrib-ul-Acsa,
    par M. Gråberg de Hemsö; in-8°, *Lyon*............ 1820

207. Recherches géographiques sur l'intérieur de l'Afrique
    septentrionale, par Walckenaer; in-8°, *Paris*........ 1821

      (Avec une carte de l'intérieur de l'Afrique.)

208. Naufrage du brick français *la Sophie*, perdu le 30 mai
    1819, sur la côte occidentale d'Afrique, par Charles
    Cochelet; 2 vol. in-8°, *Paris*..................... 1821

      (Avec une notice géographique et une carte du N. O. de
      l'Afrique par M. Lapie, et plusieurs vues lithographiées.)

209. Dissertatio de Ibn Haukalo geographo, nec non Iracæ Per-
    sicæ descriptio, par M. Uylenbroek; in-4°, *Lugdunum
    Batavorum* (Leyde)................................ 1822

210. Mathieu de Lesseps (cité par M. Gr. de Hemsö)...... 1824

---

[1] Je ne connais pas le titre exact de cet ouvrage, qui a été, je crois, publié
à Londres.

211. Note sur les races berbères, et petit vocabulaire de leur langue dans les Nouvelles Annales des Voyages, tome XXVII; in-8°, *Paris*..................................... 1825

212. Carlo Ottavio Castiglioni (cité par M. Gr. de Hemsö).... 1826

213. Jacques Peuchet, continuateur de Raynal (cité par M. Gr. de Hemsö).........................,......................... 1826

214. D. Luyando. Mémoire sur la carte du détroit de Gibraltar (en espagnol); *Madrid*............................... 1826

215. Historia dos soberanos Mahometaños que reinarão na Mauritania, traduit de l'arabe de Ben-'Abd-el-H'alîm, par le père Moura; *Lisbonne*............................... 1828

216. Beaucler's Journey to Marocco in 1826; *London*....... 1828

217. Journal d'un voyage à Tembectou et à Jenné, etc. par René Caillié; 3 vol. in-8°, avec atlas, *Paris*.......... 1830

218. Léon l'Africain, traduction de Jean Temporal; imprimé aux frais du Gouvernement; 4 vol. in-8°, *Paris*...... 1830

    (Réimpression de l'ouvrage n° 7.)

219. Revue critique des remarques et recherches géographiques annexées au voyage de Caillié à Tembectou. Mémoire lu à la Société asiatique, dans la séance du 3 octobre 1831, par M. d'Avezac.............................. 1831

    (Ce mémoire n'a pas été imprimé.)

220. Essai sur l'Espagne et le royaume de Maroc, par sir Arthur Copel Brooke; 2 vol. in-8°, *London*................ 1831

    (M. Gr. de Hemsö, qui appelle cet auteur Cappell Brooke, indique la date de 1829.)

221. Notice d'un manuscrit arabe de la Bibliothèque du Roi (Géographie de Bou-'Obeid-el-Bekri), par M. Quatremère, dans le tome XII des Notices et extraits des manuscrits de la Bibliothèque du Roi; *Paris*.......... 1831

222. Geographical notice of the empire of Marokko, by lieutenant Washington. Dans le journal de la Société de géographie de Londres, t. I.......................... 1831
    Seconde édition.. 1833

    (Avec une carte de l'empire de Maroc à l'échelle de $\frac{1}{1000000}$.)

223. Notice géographique sur l'empire de Maroc; traduction de la notice anglaise de M. Washington; dans le bulletin de la Société de géographie de Paris de mars... 1832

    (Avec une carte à l'échelle de $\frac{1}{3500000}$ environ, réduite de la carte anglaise.)

224. Derrotero de las costas de España, etc. par don V. Tofiño; in-8, *Madrid*... 1832

    (Deuxième édition de l'ouvrage n° 166, corrigée par la Direction hydrographique de Madrid.)

225. Specchio di Marocco del cavaliere conte J. Gråberg di Hemsö; in-8°, *Genova*... 1834

    (Avec une carte du Maroc à l'échelle de $\frac{1}{3000000}$, gravée à Florence la même année.)

226. Géographie d'Edrîci, traduction de M. A. Jaubert; 2 vol. in-4°; *Paris*... 1836

227. Études de géographie critique sur une partie de l'Afrique septentrionale, par M. d'Avezac; in-8°, *Paris*... 1836

    (Avec une carte à l'échelle de $\frac{1}{10000000}$.)

228. Vie du kalife Fatimite Moëz-lid-din-Allah, par M. Quatremère, dans le journal de la Société asiatique, 3° série, t. II; in-8°, *Paris*... 1836

229. Survey of some of the Canary Islands, and of part of the western coast of Africa in 1835; by W. Arlett. (Dans le journal de la Société de géographie de Londres, tome VI.)... 1836

    (Avec une carte des côtes à l'échelle de $\frac{1}{3500000}$. Trois grandes cartes ont été publiées plus tard par l'amirauté; voir ci-dessous, à la liste des cartes.)

230. Description de la côte d'Afrique, depuis le cap Spartel jusqu'au cap Bojador, par le lieutenant Arlett, de la marine royale d'Angleterre; dans le bulletin de la Société de géographie de Paris, de janvier... 1837

    (Traduction de l'article précédent.)

231. Vocabulary of Names of places, etc. in Moghrib ul Acsa, or the Empire of Marocco; by the chevalier count

Gråberg of Hemsö. (Dans le journal de la Société de géographie de Londres, tome VII, pag. 243.) 1837

> (Je cite cette nomenclature, malgré le peu d'attention qu'elle mérite; un grand nombre de noms géographiques, quoique donnés en caractères arabes, y sont tout à fait fautifs; beaucoup ne sont que des noms de Léon l'Africain, rétablis au hasard par l'auteur.)

232. Erinnerungen aus Marokko, gesammelt auf einer Reise im Iahre 1830, von Ferdinand Freiherrn von Augustin; in-8°, Wien (*Vienne*) 1838

> (Avec plusieurs vues et dessins lithographiés.)

233. Davidson's African Journal, 1835-6; in-4°, *London*. . . . 1839

> (Avec vues lithographiées.)

234. Ambassade envoyée par le roi de Portugal au sultan de Maroc, en 1773; dans O Panorama, jornal litterario [1]; grand in-8°, *Lisbonne* 1839

235. Liber climatum, auctore Scheicho abu Ishako el Faresi, vulgò, El Istachri; D' J. H. Möller; in-4°, *Gotha* 1839

236. Ben Bat'out'a, traduction portugaise par Moura, commencée à Lisbonne en 1840

237. Note sur quelques itinéraires de l'Afrique septentrionale par M. d'Avezac; dans le bulletin de la Société de géographie de Paris, d'octobre 1840

238. Note sur les documents recueillis jusqu'à ce jour pour l'étude de la langue berbère, et sur divers manuscrits anciens en cette langue qu'il importe de rechercher; par M. d'Avezac; dans le bulletin de la Société de géographie de Paris, d'octobre 1840

> (L'auteur y cite vingt-neuf ouvrages relatifs à la langue berbère.)

239. De la pêche sur la côte occidentale d'Afrique, par M. Berthelot, avec une carte par M. Mac-Carthy; in-8°, *Paris*. 1840

240. De la domination turque dans l'ancienne régence d'Alger, par M. Walsin-Esterhazy; in-8°, *Paris* 1840

---

[1] Je dois à l'obligeance de M. Ferdinand Denis la traduction de cet article; il décrit très-sommairement la route de S'oueira à Maroc, et celle de Maroc à Asfi.

241. The Negroland of the Arabs, by Cooley; in-8°, *London*.. 1841

242. Ben Khaldoun, histoire de l'Afrique sous la dynastie des Aghlabites, par Noël des Vergers; in-8°, *Paris*...... 1841

243. Chronica do descobrimento e conquista de Guiné, escrita pelo chronista Gomez Eannes de Azurara; publié par le vicomte de Santarem; in-4°, *Paris*............. 1841

(Ce livre reproduit un manuscrit de 1453, qui a été retrouvé à la Bibliothèque royale, par M. Ferdinand Denis, à la fin de 1838.)

Zurara, ordinairement appelé Azurara, raconte les découvertes des Portugais sur la côte occidentale d'Afrique. On y trouve l'histoire de Joham Fernandez, qui se fit débarquer, en 1445, sur la côte du S'ah'ra, et séjourna sept mois chez les indigènes.

244. Géographie ancienne des états barbaresques, par Mannert; traduction française de MM. Marcus et Duesberg; in-8°, *Paris*.......................... 1842

245. Description de l'Afrique, par Ibn-Haucal; traduite de l'arabe par le baron de Slane; in-8°, *Paris*........... 1842

246. Relations de la France avec l'empire de Maroc, par R. Thomassy; in-8°, *Paris*...................... 1842

247. Itinéraires, recueillis en 1788, par Venture Paradis; à la fin de son dictionnaire berbère publié par la Société de géographie de Paris; in-4°, *Paris*............. 1844

248. Notes of northern Africa, the Sahara and Soudan, by W. Hodgson; in-8°, *New-York*..................... 1844

249. Promenade au Maroc, par Charles Didier; in-8°, *Paris*.. 1844

250. Guide de l'officier dans le Maroc, par don Seraphin Calderon (en espagnol); *Madrid*..................... 1844

251. Western Barbary, its wild tribes and savage animals; by John H. Drummond Hay; in-8°, *London*............. 1844

252. Le Maroc et ses tribus nomades, par M. John Drummond Hay, traduction de Mme L. Sw. Belloc; in-8°, *Paris*.... 1844

(Traduction de l'ouvrage précédent.)

253. Deux articles sur le Maroc dans le journal *l'Illustration*, nos des 1 et 15 août; *Paris*..................... 1844

254. Notice sur Tanger, dans le journal *l'Algérie*, n° du 6 août 1844

255. Reconnaissance de la route de Tanger à Fès, par M. de
Caraman, dans le *Spectateur militaire* du 15 août;
Paris.. 1844

256. Commerce du Maroc, dans le journal *l'Algérie*, n°ˢ des
12 et 16 août; *Paris*................................... 1844

257. Article sur le Maroc, par M. Durieu, dans la Revue des
Deux-Mondes; octobre, *Paris*........................... 1844

258. Souvenir d'un voyage au Maroc, par M. Rey; in-8°. *Paris*. 1845

> (Cet ouvrage avait été publié, par articles détachés, dans
> le journal *l'Algérie*, depuis le 12 septembre 1844 jusqu'au
> 26 avril 1845.)

On trouve encore plusieurs articles sur le Maroc dans différents journaux
du 2° semestre de 1844.

OUVRAGES PRINCIPALEMENT RELATIFS AUX PRÉSIDES ESPAGNOLS.

Vie de l'infant don Henri de Portugal; traduite du portugais,
par l'abbé de Cournand; in-12, *Lisbonne et Paris*........ 1781

> Voici, d'après M. F. Denis, le titre de l'original dont
> l'auteur, le P. Francisco José Freire, s'est caché sous un
> pseudonyme :

Vida do Infante D. Henrique, por Candido Lusitano; in-4°,
Lisboa... 1758

> On trouve dans cet ouvrage beaucoup de détails sur la
> prise de Ceuta et de quelques autres villes maritimes. On
> y retrouve, pages 92-108, l'histoire de ce Joham Fernan-
> dez qui séjourna sept mois dans le S'ah'ra. (Voir ci-dessus,
> n° 243.)

Description de Ceuta, par Jordan (cité par Mentelle dans sa
Géographie comparée. *Paris*, 1783), vers............... 1781

> (Tofiño, ouvrage déjà cité sous les n°ˢ 106 et 224.)

Diccionario geográfico-estadistico de España y Portugal, por
el doctor don Sebastian de Miñano; in-8°, *Madrid*....... 1826

Cuadro politico y geográfico. (En un seul tableau.) *Madrid*... 1839

Article sur les présides espagnols dans le Tableau de la situation
des établissements français en Algérie, en 1839 ; publié par
le ministère de la guerre. *Paris* 1840

On trouve aussi des détails sur les présidés espagnols, dans la plupart des
traités ou dictionnaires de géographie un peu étendus, comme ceux de Malte-
Brun, de M. Balbi, etc.

———

Ainsi que je l'ai dit, page 413 de ma Description géographique de l'empire de Maroc, je possède un in-folio, très-
incomplet, dans lequel on trouve des vues de plusieurs villes
de la côte de Maroc ; on y a fait, depuis sa mutilation, des inter-
calations de cartes et de gravures beaucoup plus modernes ; les
feuilles de l'ouvrage primitif, faciles à reconnaître, ont, au dos
des gravures, un texte latin ; plusieurs indices y font reconnaître un ouvrage flamand ; on y trouve une vue de Batavia, qui
porte, avec un titre flamand, la date 1652 ; une vue de Tanger
représente cette ville du temps des Portugais, et par conséquent
avant 1662 ; la date de l'ouvrage est donc 1652, ou environ.
Dans la liste suivante, les vues qui appartiennent à ce livre por-
teront cette date, avec l'indication : *Ouvrage anonyme.*

CARTES, PLANS ET VUES

RELATIFS

A L'EMPIRE DE MAROC[1].

—

CARTES GÉNÉRALES[2].

[1] Cette liste est beaucoup moins complète que celle des ouvrages des auteurs européens.

[2] Les chiffres entre parenthèses sont les numéros d'ordre des ouvrages déjà cités, auxquels ces cartes appartiennent.

Rennell, carte de l'Afrique dans les *Proceedings* (195) 1810
Jackson (196) 1811
Ali-Bey (198) 1814
Walckenaer (207), carte pour les recherches sur l'intérieur de
   l'Afrique septentrionale 1820
Lapie, carte pour le voyage de Cochelet (208) . . . . ♦ . . 1821
Washington (222), carte de l'empire de Maroc, d'après les
   observations de l'auteur 1831
Grâberg de Hemsö (225) 1834
D'Avezac (227), Essai d'un nouveau canevas géodésique, etc. . . 1836
Arlett (229), carte des côtes, à l'échelle de $\frac{1}{300000}$ 1836
Arlett, carte de la côte de Maroc, depuis le cap Spartel jusqu'à
   Azemmour; échelle $\frac{1}{155000}$ environ 1840
———— depuis Azemmour jusqu'à Agâder; même échelle 1844
———— depuis Agâder jusqu au cap Bojador; échelle moitié
   moindre 1844
Atlas du vicomte de Santarem 1842

CARTES PARTIELLES.

Carte du détroit de Gibraltar, à l'échelle de $\frac{1}{300000}$ environ,
   publiée par le Dépôt de la marine. *Paris* 1761
Carte du détroit, à l'échelle de $\frac{1}{300000}$ environ; par Beaurin. *Paris.* 1762
     (Avec plan et vue de Gibraltar, vue de Cadix et de Ceuta.)
Cartes de Tofiño 1787
Carte de la division occidentale de la Méditerranée, par Smyth. 1285
Carta esferica del estrecho de Gibraltar; por don Jose Luyando.
   (Échelle 0^m,524 pour 1°.) *Madrid* 1826
Carta esferica de la costa de España, etc. con la parte corres-
   pondiente de Africa. En la Direccion de hidrográfia. (Échelle
   $\frac{1}{155000}$ environ.) *Madrid* 1831
Carta esferica de la costa de España, por don Jose de la Cruz.
   En la Direccion hidrográfica. (Échelle 0^m,256 pour 1°.)
   Madrid 1833
Carte de la partie occidentale de la Méditerranée, au Dépôt de
   la marine. *Paris* 1843

PLANS ET VUES [1].

ÎLES ZAFARINES, ÎLE D'ALBORAN, CAP DEL AGUA.

Plan manuscrit des îles Zafarines, à la Bibliothèque royale, sans date, mais évidemment tout à fait moderne.

Plan des îles Zafarines et du cap del Agua, à l'échelle de $\frac{1}{25000}$, et plan de l'île d'Alboran, à une échelle moitié moindre dans les cartes de la Méditerranée de Smyth.

Description nautique des côtes de l'Algérie, par MM. Bérard et Tessan, page 183, vue du cap del Agua, au S. 67° O, à 12 milles.

—— Vue des îles Zafarines au S. 17° E. à 6 milles. *Paris*... 1837

MLILA.

Plan de la ville de Mlila. (La ville occupe un décimètre carré.)
Vers..................................... 1780 ou 1800

PEÑON DE VELEZ.

Vue de Velez de Gomère, peu après la prise par les Espagnols.
Quatre vues du Peñon.
Vue du Peñon, en regardant le Nord; dans la Cosmographie universelle d'André Thevet; in-fol. *Paris*............... 1575

    (Cette vue se trouve tom. I, pag. 9, au milieu d'une description du Maroc, empruntée principalement à Léon l'Africain.)

Vue du Peñon en regardant le Nord; ouvrage anonyme...... 1652

    (Cette vue et la précédente se retrouvent parmi les quatre de la Bibliothèque royale [2].)

---

[1] Tout ce qui appartient à la Bibliothèque royale se trouve, à la section des plans et dessins, dans un même carton, portant pour titre : *Afrique : Tripoli, Tunis, Fès et Maroc.*

[2] Voir p. 448 de ma Description géographique de l'empire de Maroc. Plusieurs des gravures de la Bibliothèque royale, que je cite comme se trouvant dans cet ouvrage, quoique de la même époque et entièrement identiques, doivent appartenir pourtant à d'autres éditions.

TETOUAN.

Vue de Tetouan, en regardant le Nord, dans Windus (140) . . 1725
Copie de ce dessin dans Höst (161) 1779
Et la traduction allemande (163) 1781
Deux vues des environs de Tetouan (197) 1814
Vue de Tetouan, prise du mouillage, par le baron Taylor (199). 1815
Vue de Tetouan, d'après le baron Taylor, dans le journal *l'Illus-*
　tration, n° du 15 août (253) 1844

CEUTA.

Douze vues de Ceuta.
Vue de la côte d'Afrique, près de Ceuta.
Cinq plans de Ceuta.
　　　(Tous ces dessins se trouvent à la Bibliothèque royale.)
Vue de Ceuta, prise du côté du Nord ; ouvrage anonyme 1652
　　　(Cette vue, qui paraît représenter Ceuta à une époque fort an-
　　cienne, indique la porte par laquelle sont entrés les Portugais.
　　Elle se trouve parmi les douze Vues de la Bibliothèque royale.)
　Voir aussi ci-dessus la carte du détroit, par Beaurin.

DÉTROIT DE GIBRALTAR.

Vue de la côte d'Afrique, prise des hauteurs voisines de Tarifa,
　au Nord-Est, dans l'ouvrage intitulé : *Observations sur l'his-*
　toire naturelle et sur la richesse minérale de l'Espagne, par
　M. F. Leplay, ingénieur des mines ; in-8°, *Paris* 1834
　　　(On trouve aussi dans cet ouvrage, pag. 77, quelques détails
　　sur la constitution géologique des deux rives du détroit.)

TANGER.

Vue de Tanger du temps des Portugais ; ouvrage anonyme . . . 1652
Vue de Tanger du temps des Anglais (intercalée dans l'ouvrage
　précédent), vers 1669
Atlas de six vues de Tanger, dont cinq prises tout autour de
　la ville, et une intérieure, donnant la k'as'ba ; par W. Hollar.
　(Bibliothèque royale) 1669
Atlas un peu plus petit, du même auteur. (Bibliothèque de
　M. Ternaux-Compans) 1670

---

[1] M. Delacroix accompagnait le général c^{te} de la Ruë, à Meknès, en 1836.

MAROC.

AC'ÎLA.

EL-'ARAICH.

MEHEDÎA OU MA'MÔRA.

SLA ET RBÂT'.

DÀR-BEID'A, ANCIENNE ANFA.

AZEMMOUR.

EL-BRÎDJA, MAZAGAN.

CAP BLANC ET CAP CANTIN.

EMBOUCHURE DE L'OUAD-DRA'A.

Borda. Vue de l'embouchure de l'Ouad-Drá'a (rivière de Non)
  en regardant le Sud-Est, dans la carte de 1780
Davidson (233). Vue de l'embouchure de l'Ouad-Dra'a, prise
  de la rive droite, en regardant vers la mer. 1839

On trouve, de plus, dans Höst, Ali-Bey, Cochelet, le baron
d'Augustin, etc. des dessins de costumes, ornements, armes,
personnages, etc.